INVENTAIRE
Z 11866
94

BIBLIOTHÈQUE
POUR TOUT LE MONDE
DIRECTEUR : AL. RION

HISTOIRE
GRECQUE
[1962-336 av. J.-C.]

PARIS,
PHILIPPART, LIBRAIRE
rue Dauphine, 24.

Z
173
E.g.24

HISTOIRE
GRECQUE

PAR

A. GIRAULT

—

3ᵉ édition.

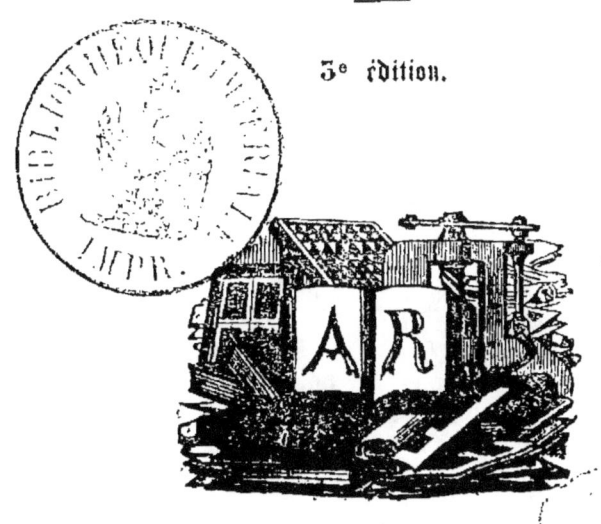

A PARIS

CHEZ PHILIPPART, LIBRAIRE,
BOULEVARD MONTMARTRE, 2.
ET CHEZ TOUS LES LIBRAIRES
DE LA FRANCE.

TABLE.

TOPOGRAPHIE.

Grèce septentrionale	3
Grèce moyenne ou Hellade	4
Grèce méridionale ou Péloponèse	6
Îles	7
Colonies	8

HISTOIRE DES GRECS.

Chronologie. — Olympiades	9
Institutions, mœurs et usages	ib.
Religion des Grecs	12
Ministres des Dieux	15
Oracles, Devins	16-17
Lois, Législateurs	17
Philosophes	23
Mœurs	26
Mœurs domestiques	27
Femmes	28
Mariages, Hospitalité, Repas et Festins	28-29
Funérailles	30
Musique	31
Danse	32
Courtisanes	33
Théâtres	34
Jeux	36
Fêtes	40
Sciences, Arts et Belles-Lettres	45
Poésie	ib.
Art dramatique, Histoire	46
Éloquence, Beaux-Arts	47

FIN DE LA TABLE.

HISTOIRE GRECQUE.

En traitant de l'histoire Ancienne, nous avons résumé l'histoire politique de la Grèce ; nous la complétons dans cette seconde partie par un précis des mœurs, des usages et des institutions de ce peuple, célèbre par ses lois, ses arts et sa civilisation.

TOPOGRAPHIE.

Les Anciens divisaient la Grèce en trois parties principales : GRÈCE SEPTENTRIONALE, GRÈCE MOYENNE ou Hellade, GRÈCE MÉRIDIONALE ou presqu'île du PÉLOPONÈSE, et en ILES de la mer Égée.

GRÈCE SEPTENTRIONALE.

La Grèce septentrionale se composait de la Macédoine, de l'Épire, de l'Illyrie et de la Thessalie.

MACÉDOINE.

La Macédoine était située au nord de la Hellade. On y remarquait Pella, où naquit Alexandre le Grand; Stagire, patrie d'Aristote; l'Athos (aujourd'hui Mont-Santo), que les Anciens regardaient comme une des montagnes les plus élevées de la terre.

ÉPIRE.

L'Épire (aujourd'hui Albanie), comptait quatorze cantons : la Hellopie, la Molosside, où l'on trouvait d'énormes chiens, la Perrhébie, l'Atuitanie, la Dolopie, l'Athamanie, la Paravée, la Dryopie, la Chaonie, la Thesprotie, arrosée par l'Achéron et le Cocyte; l'Aïdonie, la Selléide, la Cassiopie, l'Ambracie et l'Amphilochie. L'Épire n'a pas d'importance historique. Dès les temps les plus reculés, elle forma un petit royaume, qui demeura obscur jusqu'au temps de Pyrrhus. C'est en Thesprotie que se trouvait la forêt de Dodone, célèbre par les prophéties de son *arbre fatidique* ou chêne qui rendait des oracles.

ILLYRIE.

L'Illyrie, située au nord-ouest de la Hellade, formait un royaume qui fut souvent en guerre avec la Macédoine. Les principales villes étaient Epidonie, Dyrrachium et Apollonie, où se trouvait un temple d'Apollon.

THESSALIE.

La Thessalie, connue anciennement sous le nom d'Hémonie, doit son nom à Thessalos, qui y fonda une colonie 60 ans après la prise de Troie. Elle se divisait en Phthiotide, Magnésie, Histiéotide, Thessaliotide et Pélasgiotide; elle était bornée au nord par la Macédoine, à l'est par la mer Egée, au sud par la Grèce moyenne, et à l'ouest par l'Épire; c'était la patrie des Centaures et des Lapithes; Larisse (patrie d'Achille), Thèbes, Mélitée, Hypata en étaient les principales villes. Les monts Olympe, Œta, Pélion et le Pinde la séparaient de l'Épire; le fleuve Pénée la parcourait en grande partie et y arrosait, avant de se jeter dans le golfe Thermaïque, la délicieuse vallée de Tempé.

GRÈCE MOYENNE OU HELLADE.

La Grèce moyenne était divisée en neuf contrées :
L'Attique, la Mégaride, la Béotie, la Phocide, la Doride, les deux Locrides, l'Étolie et l'Acarnanie.

ATTIQUE.

L'Attique, région orientale maritime dont Athènes était la capitale, avait un territoire sec et ingrat, arrosé par le Céphise et l'Ilissus. On y trouvait le mont Hymette, célèbre par ses abeilles, et le mont Pentélique, justement renommé par ses carrières de marbre. Elle avait trois ports fameux : le Pirée, Phalère et Munychie.

MÉGARIDE.

Placée aux confins de la Corinthie, la Mégaride était un pays pauvre, d'une petite étendue qui avait pour capitale Mégare, dont le port se trouvait au faubourg de Nicée, à l'entrée du détroit de Salamine.

BÉOTIE.

La Béotie, patrie de Plutarque, de Pélopidas, d'Hésiode, de Pindare, d'Épaminondas, était une contrée en partie montueuse et marécageuse, dont Thèbes était la principale ville. On y remarquait encore Chéronée, où Philippe remporta la victoire qui asservit la Grèce à la Macédoine; Leuctres, célèbre par la victoire d'Épaminondas; Platée, où les Perses furent vaincus en 479; Aulide, port d'où partit la flotte grecque pour la conquête de la Troade. Au nombre des principales montagnes étaient le Cithéron, le Parnasse et l'Hélicon, regardé comme le séjour des Muses, au pied duquel se trouvait la fontaine Hippocrène, consacrée à Apollon.

PHOCIDE.

La Phocide était arrosée par le Céphise, et dominée par le mont Parnasse, point le plus élevé du Pinde, où Apollon demeurait, dit-on. Les principales villes de cette contrée étaient : Delphes (aujourd'hui Castro), fameuse par l'oracle d'Apollon; Élatée, qui possédait un temple à Esculape; Lébadée, et le port de Cirrha.

DORIDE.

La Doride était une très-petite contrée, dont les peuples parlaient un langage différent de celui de Grecs d'Ionie.

LOCRIDES.

Plusieurs cantons portaient ce nom : 1° la Locride épicnémidienne; 2° la Locride opontienne; 3° la Locride ozole (*puante*). Le défilé des Thermopyles, où s'immortalisèrent Léonidas et ses trois cents Spartiates, est situé dans la Locride épicnémidienne. Naupacte, aujourd'hui Lépante, appartenait aux Ozoles; Amphissa était leur capitale.

ÉTOLIE.

L'Étolie était arrosée par l'Achéloüs et par l'Événus. La ville principale était Calydon, patrie de Méléagre et où il tua un terrible sanglier.

ACARNANIE.

L'Acarnanie était séparée de l'Étolie par l'Achéloüs, et avait pour capitale Stratos. Ses habitants étaient de farouches guerriers. C'était dans cette contrée que se trouvait le fameux promontoire de Leucade, d'où les amants malheureux se précipitaient pour se guérir de leurs maux. Le poète Nicostrate, Artémise et Sapho y périrent, dit-on.

GRÈCE MÉRIDIONALE ou PÉLOPONÈSE.

Le Péloponèse (aujourd'hui la Morée) est une presqu'île au sud de la Grèce moyenne, à laquelle elle tient par l'isthme de Corinthe. Il renfermait huit États : l'Argolide, la Laconie, la Messénie, l'Élide, l'Achaïe, la Sicyonie, la Corinthie et l'Arcadie.

ARGOLIDE.

L'Argolide avait pour capitale Argos, fondée par Inachus, et pour principales villes Mycènes, où régna Agamemnon; Épidaure, patrie d'Esculape; Némée, célèbre par les jeux Néméens, et par le lion qu'y tua Hercule.

LACONIE.

Sparte ou Lacédémone était la capitale de cette contrée, arrosée par l'Eurotas, et où se trouvait le mont Taygète. Il s'y trouvait encore Amyclée, célèbre par le culte que l'on y rendait à Apollon; et Ténare (aujourd'hui cap Matapan), partie la plus méridionale de la Grèce, où il y avait un temple consacré à Neptune.

MESSÉNIE.

La Messénie avait pour capitale Messène, et pour principale ville Pylos, patrie du sage Nestor.

ÉLIDE.

L'Élide avait pour capitale Olympie, ville baignée par les eaux de l'Alphée, immortalisée par les poëtes, et célèbre par ses fêtes olympiques et par le temple de Jupiter, dont la statue était l'ouvrage du célèbre Phidias; les autres villes principales étaient Élis et Pise, située sur l'Alphée, Pylos, la Triphylie.

ACHAÏE.

Cet État s'étendait le long du golfe de Corinthe. On y comptait douze villes principales, dont la coalition donna naissance à la ligue Achéenne.

SICYONIE.

La Sicyonie bordait aussi le golfe de Corinthe, et avait pour capitale Sicyone, la plus ancienne ville de la Grèce.

CORINTHIE.

La Corinthie occupait une partie de l'isthme qui rattache la Hellade à la Grèce septentrionale, et s'étendait à la fois sur le golfe de Corinthe et sur le golfe de Saronique. Elle avait pour capitale Corinthe, ville célèbre par ses monuments, ses objets d'art et ses richesses, et qu'on venait admirer de tous les points du monde.

ARCADIE.

L'Arcadie est un pays montueux, boisé et remarquable par ses beautés pittoresques; l'Alphée ainsi que plusieurs autres rivières y prennent leurs sources. Sa capitale était Mégalopolis (aujourd'hui Tripolitza); il s'y trouvait aussi Mantinée, ville célèbre par les deux batailles de ce nom; au nord était Erymanthe, où Hercule terrassa un sanglier monstrueux.

ILES.

Près de la côte de l'Épire, de l'Acarnanie, de l'Étolie et du Péloponèse, on trouve Corcyre (aujourd'hui Corfou) avec son archipel composé de cinq îles; Leucade, qu'un canal, ouvrage des Corinthiens, sépare de l'Acarnanie, dont elle formait autrefois un promontoire; Ithaque, patrie d'Ulysse, et Céphalonie, avec plusieurs îlots situés en face de l'Etolie; Zante, et les îlots des Strophades, dont la Fable avait fait le séjour des Harpies; et enfin Cythère (aujourd'hui Cérigo), où Vénus avait un temple.

Au midi se trouvait la grande île de Crète (aujourd'hui Candie), célèbre par les lois de Minos; sur la côte occidentale du golfe Saronique on rencontrait les îles d'Hydrussa, de Tiparénus, de Calaurie, de Salamine et d'Egine, où l'on admire encore les ruines d'un temple de Jupiter.

Vis-à-vis de la Béotie, dont elle n'est séparée que par le détroit d'Euripe, s'étend l'île d'Eubée (aujourd'hui Négrepont), dont les principales villes étaient Histiée, Chalcis, Erétrie et Styra. Près de la Thessalie, on voit les îles de Scyathos, d'Halonèse, de Peparithos, de Scopolos, et un peu plus loin Scyros, célèbre dans la mythologie comme ayant été la retraite d'Achille, et le lieu où mourut Thésée.

Les groupes d'îles répandues dans la mer Égée sont désignées sous les noms de Cyclades[1] et de Sporades[2].—Les Cyclades forment un groupe dont Délos, où selon la Fable naquirent Apollon et Diane, était le centre. Naxos, la plus grande des Cyclades, avait été le séjour de Bacchus. Paros était et est encore renommée par ses marbres. Les principales îles Sporades étaient Lemnos, où la Fable avait placé les forges de Vulcain; Samothrace, Ténédos, Chio (aujourd'hui Scio), fameuse par ses vins; Samos, consacrée à Junon, et patrie de Pythagore; Lesbos, où naquit Sapho; Cos, patrie d'Hippocrate et du peintre Apelles; Rhodes, dont plus d'un titre rappelle la célébrité, surtout son fameux colosse d'airain, entre les jambes duquel les navires passaient les voiles déployées; Chypre, où Vénus était honorée dans Amathonte, Paphos et Idalie.

COLONIES.

Au temps de sa gloire, la Grèce avait fondé des colonies dans la Sicile et dans la partie méridionale de l'Italie, que l'on désignait sous le nom de Grande-Grèce. On distinguait en Italie Tarente, fondée par les Crétois; Crotone, où s'établit Pythagore; Sybaris, connue par la mollesse de ses habitants; et en Sicile, Syracuse, célèbre par son vin, et qui a vu naître Archimède et Théocrite. Dans l'Éolide, la Grèce eut pour principales colonies Cumes et Élée. Dans l'Ionie, on distinguait Smyrne; Éphèse, fameuse par un temple élevé à Diane, et Phocée. Dans la Doride, Halicarnasse, patrie d'Hérodote, et Gnide, où Vénus était particulièrement honorée.

[1] En cercle.
[2] Éparses.

HISTOIRE DES GRECS.
CHRONOLOGIE.
OLYMPIADES.

Par olympiade, on entend l'intervalle de quatre années, d'une fête de jeux olympiques à l'autre.

Ces jeux célèbres remontent à une époque si reculée qu'il serait impossible d'en fixer la date.

L'ère des Olympiades ne commence donc pas avec l'institution des jeux olympiques.

Ces jeux, interrompus plusieurs fois, furent rétablis avec un grand éclat par Iphitus, 844 ans avant Jésus-Christ; cent-huit ans après, ils servirent de base à la chronologie grecque.

On fait partir la première Olympiade de l'an du monde 3230 ou 776 ans avant le Christ, et vingt-trois ans avant la fondation de Rome.

INSTITUTIONS, MŒURS ET USAGES.

S'il faut s'en rapporter aux traditions anciennes, les premiers habitants de la Grèce n'avaient pour demeures que des antres profonds, et n'en sortaient que pour disputer aux animaux des aliments grossiers. Réunis dans la suite sous des chefs audacieux, ils augmentèrent leurs lumières, leurs besoins et leurs maux. Le sentiment de leur faiblesse les avait rendus malheureux; ils le devinrent par le sentiment de leurs forces. La guerre commença; les grandes passions s'allumèrent; les suites en furent effroyables. Il fallait des torrents de sang pour s'assurer la possession du pays. Mais, soit que l'homme se lasse enfin de sa férocité, soit que le climat de la Grèce adoucisse tôt ou tard le caractère de ceux qui l'habitent, plusieurs hordes sauvages coururent au-devant des législateurs qui entreprirent de les policer. Ces législateurs étaient les Égyptiens, qui débarquèrent sur les côtes de l'Argolide, où ils fondèrent un empire, rendirent la terre fertile, se répandirent avec leurs troupeaux dans la plaine, et parvinrent à couler dans l'innocence des jours tranquilles et sereins qui firent donner le nom d'âge d'or à ces siècles reculés. Cette révolution commença sous Inachus, qui avait conduit en Grèce la première colonie égyptienne, et se continua sous le règne de Phoronée, son fils, qui bâtit Argos.

Environ trois siècles après, Cécrops, Cadmus et Danaüs parurent, l'un dans l'Attique, l'autre dans la Béotie, et le troisième dans l'Argolide, avec de nouvelles colonies d'Égyptiens et de Phéniciens. L'industrie et les arts franchirent les bornes du Péloponèse, et leurs progrès ajoutèrent, pour ainsi dire, de nouveaux peuples aux peuples du genre humain. Cependant, une partie des sauvages s'était retirée dans les montagnes ou vers les régions septentrionales de la Grèce. Ils attaquèrent les sociétés naissantes, qui opposèrent la valeur à la férocité, et les forcèrent d'obéir à leurs lois, ou d'aller dans d'autres climats chercher une sauvage indépendance.

L'idée d'un droit exclusif et permanent sur une portion de terrain fut un des pas les plus importants que Cécrops fit faire aux Hellènes vers l'ordre social. Guidé par un esprit d'amélioration, on dut s'occuper à réprimer l'injustice de l'homme, qui ne veut pas acquérir par le travail ce qu'il peut réduire par la force brutale, en s'adonnant au brigandage. Alors l'influence de la religion vint au secours de l'agriculture, et les instituteurs de la morale publique mirent les biens de la terre sous la protection des dieux en attendant celle des lois.

Les premières conventions qui dans l'origine lièrent les peuples entre eux, furent en petit nombre et fort simples, parce qu'il s'agissait moins de statuer sur l'injustice que sur l'insulte, et qu'il fallait plutôt réprimer les passions dans leur fougue que poursuivre les vices dans leurs détours. Les grandes vérités de la morale, d'abord découvertes par cet instinct admirable qui porte l'homme au bien, furent bientôt confirmées à ses yeux par l'utilité qu'il retirait de leur pratique. Alors on proposa pour motif et pour récompense à la vertu, moins la satisfaction de l'âme que la faveur des dieux, l'estime du public et les regards de la postérité. La raison ne se repliait pas encore sur elle-même pour sonder la nature des devoirs et les soumettre à ces analyses qui servent à les confirmer. On savait seulement que dans les circonstances de la vie il est avantageux de rendre à chacun ce qui lui appartient; et d'après cette réponse du cœur, les âmes s'abandonnaient à la vertu, sans s'apercevoir des sacrifices qu'elle exige.

Dans ces temps primitifs, l'expérience des vieillards suppléait à l'expérience lente des siècles, et, réduisant les exemples en principes, elle faisait connaître les effets des passions et les moyens de les réprimer. De là naquit pour la vieillesse cette estime qui lui assigna le premier rang dans les assemblées de la nation.

De toutes les qualités de l'esprit, l'imagination fut cultivée la première, parce que c'est celle qui se manifeste le plus tôt dans l'enfance des hommes et des peuples, et que, chez les Grecs en particulier, le climat qu'ils habitaient et les liaisons qu'ils contractèrent avec les Orientaux contribuèrent à la développer. En Égypte, où le soleil est toujours ardent, où les vents, les accroissements du Nil et les autres phénomènes sont assujettis à un ordre constant, où la stabilité et l'uniformité de la nature semblent prouver son éternité, l'imagination agrandissait tout. Dans la Grèce, où le ciel, quelquefois troublé par des orages, étincelle presque toujours d'une lumière pure, où la diversité des saisons et des aspects offre sans cesse des contrastes frappants; où, à chaque instant, la nature paraît en action parce qu'elle diffère toujours d'elle-même, l'imagination, plus riche et plus active qu'en Égypte, embellisssait tout, et répandait une chaleur aussi douce que féconde dans les opérations de l'esprit. Bientôt, les Grecs et les Égyptiens, ne formant plus qu'un même peuple, se formèrent un langage qui brillait d'expressions figurées; les êtres qui avaient du mouvement leur parurent pleins de vie; ils rapportèrent à autant de causes particulières les phénomènes dont ils ne connaissaient pas la liaison; l'univers fut à leurs yeux une superbe décoration, dont les ressorts se mouvaient au gré d'un nombre infini d'agents invisibles. Alors se forma cette philosophie, ou plutôt cette religion qui subsiste encore parmi le peuple : mélange confus de vérités et de mensonges, de traditions respectables et de fictions riantes; système qui flatte les sens et révolte l'esprit; qui respire le plaisir en préconisant la vertu.

RELIGION DES GRECS.

Suivant les Grecs, l'Amour, dont la présence établit partout l'harmonie, à qui les hommes et les dieux rapportent leur origine, a tiré l'univers du chaos. Bientôt, les êtres intelligents se disputèrent l'empire du monde; mais, terrassés dans des combats terribles, les hommes furent pour toujours soumis à leurs vainqueurs. La race des immortels se multiplia ainsi que celle des hommes. Saturne, issu du commerce du Ciel et de la Terre, eut trois fils qui se partagèrent le domaine de l'Univers : Jupiter régna dans le Ciel, Neptune sur la Mer, Pluton dans les Enfers, et tous trois sur la Terre; tous étaient environnés d'une foule de divinités chargées d'exécuter leurs ordres. Jupiter était le plus puissant des dieux, car il lançait la foudre; sa cour, la plus brillante de toutes, était le séjour de la lumière éternelle et celui du bonheur, puisque tous les biens de la terre venaient du ciel.

On implorait les divinités des mers et des enfers, en certains lieux et en certaines circonstances; les dieux célestes, partout et dans tous les moments de la vie. Les dieux distribuaient aux hommes la santé, les richesses, la sagesse et la valeur. On les accusait d'être les auteurs des maux qui affligent les hommes, et l'on supposait qu'ils se laisseraient toucher par les prières et par les sacrifices : Pluton, seul, était inflexible. En donnant aux dieux des sens, on leur supposait des passions; on croyait que la beauté faisait sur leur cœur l'impression qu'elle fait sur le nôtre; on paraissait être certain qu'ils cherchaient souvent sur la terre des plaisirs devenus plus vifs par l'oubli de la grandeur et l'ombre du mystère.

Les Grecs, par ce bizarre assortiment d'idées, n'avaient pourtant pas voulu dégrader la divinité. Accoutumés à juger d'après eux-mêmes de tous les êtres vivants, ils prétaient aux dieux leurs faiblesses. Quand ils voulurent se former une idée du bonheur du ciel, et des soins qu'on y prenait du gouvernement de l'univers, ils jetèrent leurs regards autour d'eux et dirent : « Sur la terre le peuple est heureux lorsqu'il passe ses jours dans les fêtes; un souverain, lorsqu'il rassemble à sa table les princes et les princesses; lorsque de jeunes esclaves, parfumées d'essences, y versent le vin à pleines coupes, et que des chantres habiles y marient leurs voix au son de la lyre : ainsi, dans les repas fréquents qui réunissent les habitants du ciel, la jeunesse et la beauté, sous les traits d'Hébé, distribuent le nectar et l'ambroisie; les chants d'Apollon et des Muses font retentir les voûtes de l'Olympe, et la joie brille dans tous les yeux.

« Les dieux, auxquels Jupiter dispense son autorité, impriment le mouvement à l'Univers, et sont les auteurs des phénomènes qui nous étonnent. Tous les matins, une jeune déesse ouvre les portes de l'Orient, et répand la fraîcheur dans les airs, les fleurs dans la campagne, les rubis sous la voûte du soleil. A cette annonce, la terre se réveille et s'apprête à recevoir le dieu qui lui donne tous les jours une nouvelle vie: il paraît, il se montre avec la magnificence qui convient au souverain des cieux; son char, conduit par les Heures, vole et s'enfonce dans l'espace immense qu'il remplit de flammes et de lumière. Dès qu'il parvient au palais de la souveraine des mers, la Nuit, qui marche éternellement sur ses traces, étend ses voiles sombres, et attache des feux sans nombre à la voûte céleste. Alors s'élève le char de Diane, dont la clarté douce porte les cœurs sensibles à la rêverie. Cet arc qui brille de si riches couleurs, et qui se courbe d'un point de l'horizon à l'autre, ce sont les traces lumineuses du passage d'Iris, qui porte à la terre les ordres de Junon. Ces vents agréables, ces tempêtes horribles, ce sont des Génies qui tantôt se jouent dans les airs, tantôt luttent les uns contre les autres pour soulever les flots. De quelque côté que nous tournions nos pas, nous sommes en présence des dieux; nous les trouvons au dehors, au dedans de nous; ils se sont partagé l'empire des âmes, et dirigent nos penchants : les uns président à la guerre ou aux arts de la paix ; les autres nous inspirent l'amour de la sagesse ou celui des plaisirs ; tous chérissent la justice et protégent la vertu. Quand nous faisons le bien le ciel augmente nos jours et notre bonheur ; il nous punit quand nous faisons le mal. A la voix du crime, Némésis et les noires Furies sortent en mugissant du fond des enfers ; elles se glissent dans le cœur du coupable et le tourmentent jour et nuit : ces tourments sont les remords. »

Les Grecs étaient généralement persuadés que l'âme est immortelle. Comme ils n'avaient fondé le bonheur des dieux que sur les plaisirs des sens, ils ne purent imaginer d'autres avantages pour les Champs-Élysées qu'un climat délicieux et une tranquillité profonde. Le Tartare était le séjour des pleurs et du désespoir : les coupables y étaient livrés à des tourments épouvantables.

Le système informe de religion enseignait un petit nombre de dogmes essentiels au repos des sociétés : l'existence des dieux, l'immortalité de l'âme, des récompenses pour la vertu, des châtiments pour le crime ; ils prescrivaient des pratiques qui pouvaient contribuer au maintien de ces vérités : les fêtes et les mystères. Ils présentaient à la politique des moyens puissants pour mettre à profit l'ignorance et la crédulité du peuple : les oracles, l'art des augures et des devins ; ils laissaient enfin à chacun la liberté de choisir parmi les traditions anciennes, et de charger sans cesse de nouveaux détails l'histoire et la généalogie des dieux ; de sorte que l'imagination, ayant la liberté de créer des faits, répandait sans cesse dans ses tableaux l'intérêt du merveilleux ; intérêt froid aux yeux de la raison, mais plein de charme pour les nations qui commencent à naître.

La religion des Grecs consistait toute dans l'extérieur ; elle ne présentait aucun corps de doctrine, aucune instruction publique ; point d'obligation étroite de participer, à des jours marqués, au culte établi. Il suffisait, pour la croyance, de paraître persuadé que les dieux existaient, qu'ils récompensaient la vertu soit dans cette vie, soit dans l'autre ; pour la pratique, de faire par intervalles quelques actes de religion, comme par exemple de paraître dans les temples aux fêtes solennelles, et de présenter ses hommages sur les autels publics.

Le culte public était fondé sur cette loi : « Honorez en « public et en particulier les dieux et les héros du pays. « Que chacun leur offre tous les ans, suivant ses facultés « et suivant les rites établis, les prémices de ses moissons. »

Ce fut une belle institution de consacrer par des monuments, par des fêtes, le souvenir des rois et des particuliers qui avaient rendu de grands services à l'humanité.

MINISTRES DES DIEUX.

Les fonctions sacerdotales étaient anciennement au pouvoir des souverains. En prenant les rênes de l'État, les deux rois de Sparte étaient revêtus de a dignité de pontifes de Jupiter. Quand le sacerdoce fut séparé de l'autorité royale, les ministres des dieux conservèrent une grande autorité sur le peuple; on les vit souvent encourager les soldats, le front ceint de lauriers, tenant un flambeau dans la main droite, ou suspendre les hostilités et apaiser les séditions. Le caractère des prêtres ne les empêchait pas d'embrasser la profession des armes : Callias, ministre de Cérès, se distingua à la bataille de Platée; Xénophon, historien et philosophe, était à la fois grand prêtre et capitaine.

Les prêtres jouissaient des rétributions attachées à leurs fonctions; ils avaient une portion dans le partage des victimes, et un logement ou presbytère dans l'enceinte des temples qu'ils desservaient. On leur allouait une certaine quotité sur les amendes qui revenaient aux dieux; ils avaient en partie l'usufruit des immeubles affectés aux temples, des dîmes, des oblations des dévots, des dépouilles des ennemis, des sommes que l'État votait pour les besoins de l'église et pour l'entretien des édifices sacrés.

La dignité de grand-prêtre ou pontife n'existait pas à Athènes. Le sacerdoce ne forma jamais un corps visible dans l'État : ainsi les prêtres n'étaient pas juges en matière de religion; ils n'avaient pas le droit de rechercher, encore moins celui de punir les coupables de sacriléges, de profanations et de blasphèmes.

Indépendamment des prêtres élus par le suffrage du peuple, il y avait des familles sacerdotales, telles que celles des Eumolpides et des Eeuthéobades. Dans tous les cas on ne pouvait exercer les fonctions sacrées qu'à certaines conditions; on était obligé de justifier qu'on n'avait jamais exercé aucune fonction servile ou ignoble, qu'on était exempt de défauts corporels, et qu'on était d'une conduite irréprochable. Les prêtres n'étaient pas soumis au célibat; mais les secondes noces leur étaient défendues. Les prêtresses cessaient leurs fonctions lorsqu'elles venaient à se marier.

La théologie païenne se réduisait à la connaissance du rituel. Chaque particulier pouvait offrir des sacrifices sur un autel placé à la porte de sa maison, ou bien dans une chapelle domestique. Dans les bourgades de la Grèce, un seul prêtre suffisait pour desservir un temple; dans les villes, les soins du ministère sacerdotal étaient partagés entre plusieurs personnes qui formaient une communauté. Il n'y avait point de ville où l'on trouvât autant de prêtres et de prêtresses qu'à Athènes, parce qu'il n'y en avait point où l'on eût élevé une si grande quantité de temples, et où l'on célébrât un aussi grand nombre de fêtes.

ORACLES.

Strabon et Pausanias nous apprennent que, dans les siècles héroïques, les oracles avaient peu d'influence, parce que les rois prétendaient être les médiateurs directs entre le peuple et les dieux; mais quand le pouvoir royal s'affaiblit ou cessa d'exister, la confiance dans les oracles augmenta, et l'influence des ministres qui interprétaient leurs réponses devint capable de renverser tout autre principe d'autorité. Lorsque les dieux régnaient dans la Grèce, la terre y rendait des oracles par la voix de Daphné, l'une des nymphes du Parnasse; Neptune y prophétisa ensuite par l'organe de Pyrion, et Thémis, qui lui succéda, en concéda la propriété au fils de Jupiter et de Latone : ainsi, Apollon ne fut que la troisième divinité qui régna sur le Parnasse. La croupe de cette montagne, sur laquelle Delphes fut bâtie, formait un amphithéâtre élevé dans les airs, où l'on n'arrivait du côté de l'occident que par une voie taillée dans le roc, pareille aux degrés d'un trône. Au-dessus d'un soupirail d'où sortaient des vapeurs enivrantes, était placé le siége de la prêtresse d'Apollon, qui rendait des oracles ambigus que les prêtres interprétaient à leur gré.

DEVINS.

Les devins avaient la prétention de lire l'avenir dans le vol des oiseaux et dans les entrailles des victimes. Ils suivaient les armées, et c'était de leur décision, achetée à un prix excessif, que dépendaient souvent les révolutions des gouvernements et les opérations d'une campagne. On en trouvait dans toutes les parties de la Grèce; mais ceux de l'Elide étaient les plus renommés. Là, depuis plusieurs siècles, deux ou trois familles se transmettaient de père en fils l'art de prédire les événements.

Les devins étendaient leur ministère encore plus loin ; ils dirigeaient les consciences : on les consultait pour savoir si certaines actions étaient conformes ou non à la justice divine. Superstitieux à l'excès, les Grecs découvraient des signes de la volonté des dieux en tout temps, en tous lieux, dans les éclipses, dans les bruits du tonnerre, dans les grands phénomènes de la nature, dans les accidents les plus fortuits. Les songes, l'aspect imprévu de certains animaux, le tintement des oreilles, l'éternument, quelques mots prononcés au hasard et mille autres effets indifférents étaient regardés comme des présages heureux ou sinistres. Trouvait-on un serpent dans sa maison, on élevait un autel dans le lieu même ; voyait-on un milan planer dans les airs, vite on tombait à genoux. Dans toutes les circonstances on courait aux devins, aux interprètes, qui indiquaient des ressources aussi chimériques que les maux dont on se croyait menacé.

LOIS, LÉGISLATEURS.

Dans les temps héroïques, les gouvernements, bien qu'ayant pour chefs des rois, méritaient plutôt le nom de républiques que celui de monarchies; car il n'y avait d'autre distinction que celle qui reposait sur les qualités personnelles. Cet usage, convenable à des sociétés primitives, avait élevé un chef à la tête de chaque peuplade. Dans leur haute position, si on l'examine telle qu'elle est décrite dans l'*Iliade* et dans l'*Odyssée*, on verra que le pouvoir des rois était très-limité. A l'armée, la volonté d'Agamemnon était subordonnée à la décision des chefs. Dans chaque royaume, la décision d'une espèce de sénat l'emportait sur la volonté du prince, et la majorité du peuple confirmait ou rejetait ses décisions. Si on parcourt ensuite les différents états de la société, on trouvera la même distribution du pouvoir dans chaque village, qui offrait en abrégé la représentation du royaume, tandis que le royaume présentait le tableau général de la société. L'Etat ainsi constitué garantissait à chaque individu sa sûreté. Les meubles, dit Plutarque, étaient partagés, à la mort d'un particulier, par portions égales entre ses descendants. S'il n'y avait pas d'enfants, les plus proches parents du côté paternel héritaient du mobilier.

Lycurgue. Une partie des institutions attribuées à Lycurgue avait été puisée dans celles des Doriens, tombées en désuétude, et auxquelles il rendit force de loi. On lui attribue l'institution d'un sénat composé de vingt-huit membres, qui ne devaient pas être âgés de moins de soixante ans, que le peuple nommait à vie, et qui devaient assister les rois de leurs conseils dans les affaires publiques. Un collége de cinq éphores, qui étaient renouvelés chaque année, devint le tribunal suprême de l'État. Dans ses décrets sur la vie privée, Lycurgue se proposa de faire des Spartiates des citoyens égaux par les propriétés, par la manière de vivre : donc chacun avait la conviction qu'il appartenait à l'État, et qu'il lui devait une entière et aveugle obéissance. Il s'ensuivit le partage des terres dont les lots devinrent transmissibles par donation ou par héritage, même aux filles, à défaut de lignes masculine ; mais on ne pouvait jamais les vendre.

La monnaie était de fer cassant, ce qui empêchait de thésauriser. Le luxe était banni des tables au moyen des repas communs, qui avaient lieu d'après la division des citoyens en catégories. Des règlements spécifiaient les mets qu'on devait servir : ces mets se composaient de pain, de vin, de fromage, de figues. Si on servait quelques pièces de gibier, ou des viandes provenant des sacrifices, on les abandonnait aux jeunes gens ; les hommes âgés se nourrissaient de bouillie ou de brouet noir, aliments peu agréables au goût. Le poisson, et tout ce qui pouvait exciter l'appétit, était prohibé ; il était défendu de boire autrement que pour apaiser la soif. Les maisons n'étaient que de simples abris dont on ne pouvait construire les portes, les meubles et les intérieurs qu'avec deux instruments, la scie et la hache.

Tout était commun entre les Spartiates. Il était enjoint par la loi et regardé comme honorable de se prêter mutuellement les ânes, les chevaux, les instruments d'agriculture et de chasse.

L'instruction publique commençait à l'âge de sept ans pour les jeunes Spartiates, qui dès-lors appartenaient à sa patrie. Les filles étaient dès leur enfance formées à une éducation propre à donner des citoyens robustes à l'État. Elles participaient aux exercices gymnastiques des jeunes gens ; elles s'exerçaient à la lutte, à lancer le disque, les traits, et elles se baignaient dans les eaux glacées de l'Eurotas. Leur nourriture était frugale ; leur habillement simple : une robe d'un tissu léger les couvrait jusqu'aux genoux ; les vêtements des femmes mariées descendaient jusqu'aux talons. Les règlements relatifs aux familles tendaient au but politique de procurer aux individus des deux sexes un corps sain et vigoureux.

Les Spartiates épousaient les filles sans dot. Ils ne voyaient leur femme que furtivement et retournaient, avant l'aurore, avec leurs camarades, se mêler à leurs exercices et à leurs conversations. L'épouse aimait à son tour le mystère de l'union conjugale, et les mariages n'en étaient que plus féconds.

Telles furent les principales institutions de Lycurgue, qui élevèrent ses concitoyens dans la sphère la plus haute à laquelle la nature humaine puisse aspirer. Les lois qu'on vient de rappeler sommairement étaient en petit nombre et conçues en peu de mots. Elles furent mises en vers, afin de rester dans la mémoire du peuple comme des préceptes divins.

Dracon. Vers la fin de la XXXIV° Olympiade, les Athéniens, qui n'avaient point encore de lois écrites, ayant reconnu la nécessité de régulariser d'une manière fixe l'état des citoyens et les institutions politiques, choisirent Dracon, homme de bien, plein de lumières et sincèrement attaché à sa patrie, pour législateur, et le chargèrent de donner un code de lois à la nation. Ainsi que le législateur qui l'avait précédé, il fit un code de lois et de morale. Il prit le citoyen à sa naissance, prescrivit la manière dont on devait le nourrir et l'élever; le suivit dans les différentes époques de la vie, et, liant ces vues particulières à l'objet principal, il entreprit de former des hommes libres et des citoyens vertueux; mais ces lois, empreintes d'une excessive sévérité, excitèrent tant de murmures qu'il fut obligé de s'expatrier. La mort était le châtiment dont il punissait l'oisiveté, et le seul applicable aux crimes les plus légers ainsi qu'aux forfaits les plus atroces : il disait qu'il ne connaissait pas de peine plus douce pour les premiers, et qu'il n'en connaissait pas d'autre pour les seconds.

Solon. Les Athéniens ayant demandé l'abolition des lois de Dracon, Solon fut chargé de reviser toute la législation. Il régla d'abord la forme du gouvernement, et exposa ensuite les lois qui devaient assurer la tranquillité des citoyens. Dans la première partie, il eut pour principe d'établir la seule égalité qui, dans une république, doit subsister entre les divers ordres de l'État; dans la seconde, il fut dirigé par cet autre principe, que le meilleur gouvernement est celui où se trouve une sage distribution des peines et des récompenses.—Il établit un sénat composé de quatre cents personnes, tirées des quatre tribus qui comprenaient alors tous les citoyens de l'Attique, et qui furent considérées comme les représentants de la nation. Il fut statué qu'on leur proposerait d'abord les affaires sur lesquelles le peuple athénien aurait à se prononcer, et qu'après les avoir examinées et discutées à loisir, ils les rapporteraient eux-mêmes à l'assemblée générale; et de là cette loi fondamenale : « Toute décision du peuple sera précédée par un décret du sénat. » Tous les citoyens avaient le droit de suffrage; mais les premiers opinants devaient être âgés au moins de cinquante ans. Le choix des magistrats et le pouvoir de leur faire rendre compte de leur administration fut confié à l'assemblée générale. Les citoyens de l'Attique furent distribués en quatre classes, qui seules pouvaient aspirer aux magistratures : on était inscrit dans la première, dans la seconde, dans la troisième, suivant qu'on percevait de son héritage 500, 300 ou 200 mesures de blé ou d'huile; les autres citoyens, la plupart pauvres ou ignorants, furent compris dans la quatrième classe et éloignés des emplois. —Comme il est essentiel à la démocratie que les magistratures ne soient accordées que pour un temps, et que celles du moins qui ne demandent qu'un certain degré de lumières soient données par la voie du sort, Solon ordonna qu'on les conférerait tous les ans, que les principales seraient électives, comme elles l'avaient été jusqu'alors, et que les autres seraient tirées au sort. Enfin, comme il était à craindre que les archontes, qui présidaient les tribunaux, n'obtinssent trop d'influence sur la multitude, il fut décidé qu'on pourrait appeler de leurs sentences au jugement des cours supérieures. Et pour dédommager les citoyens qui ne pouvaient pas aspirer aux magistratures, la loi ordonna que tous les citoyens sans distinction se présenteraient pour remplir les places de juges et que le sort déciderait entre eux.

Pour établir une sorte d'équilibre entre les citoyens, Solon chargea l'Aréopage de veiller au maintien des lois et des mœurs, et l'établit comme puissance supérieure, qui devait ramener sans cesse le peuple aux principes de la constitution, et les particuliers aux règles de la bienséance et du devoir. Ainsi, l'Aréopage et le sénat des Quatre-Cents devinrent deux contre-poids assez puissants pour garantir la république des orages qui menacent les États : le premier, en réprimant par sa censure générale les entreprises des riches; le second, en arrêtant, par ses décrets et par sa présence, les excès de la multitude. — Prévoyant que la constitution pourrait être attaquée ou par l'ambition ou par les intrigues de quelques particuliers, Solon décerna des peines contre les citoyens qui dans un temps de troubles ne se déclareraient pas ouvertement pour un des partis. Une seconde loi condamnait à mort tout citoyen convaincu d'avoir voulu s'emparer de l'autorité souveraine. Enfin, dans le cas où un autre gouvernement s'élèverait sur les ruines du gouvernement populaire, Solon obligea tous les magistrats à se démettre de leurs emplois, et permit à chaque citoyen d'arracher la vie non-seulement à un tyran et à ses complices, mais encore au magistrat qui continuerait ses fonctions après la destruction de la démocratie. Telle fut en abrégé la république de Solon.

Quant aux lois civiles, Solon conserva celles de Dracon sur l'homicide, et adoucit la rigueur des autres. Dans toutes il se proposa le bien général plutôt que celui des particuliers : ainsi, suivant les principes conformes à ceux des philosophes les plus éclairés, le citoyen doit être considéré : 1° dans sa personne, comme faisant partie de l'État ; 2° dans la plupart des obligations qu'il contracte, comme appartenant à une famille qui appartient elle-même à l'État ; 3° dans sa conduite, comme membre d'une société dont les mœurs constituent la force d'un État.

A l'exemple de Dracon, Solon publia plusieurs lois sur les devoirs des citoyens, et en particulier sur l'éducation de la jeunesse. Il y prévit tout et régla tout, fixa l'âge précis où les enfants devaient recevoir des leçons publiques, et les qualités des maîtres chargés de les instruire ; il assigna des récompenses aux vertus, et flétrit les vices par le déshonneur. Les hommes connus par la dépravation de leurs mœurs, à quelque état qu'ils appartinssent, furent exclus du sacerdoce, des magistratures, du sénat et de l'assemblée générale. Solon assigna l'infamie à l'oisiveté et ordonna à l'Aréopage de rechercher de quelle manière les particuliers pourvoyaient à leur subsistance ; il priva celui qui avait négligé de donner un état à son fils des secours qu'il était en droit d'en attendre dans sa vieillesse.

Tel fut le système général de Solon. Ses lois civiles et criminelles ont toujours été regardées comme des oracles par les Athéniens, comme des modèles par les autres peuples. Plusieurs États de la Grèce se sont fait un devoir de les adopter ; et du fond de l'Italie, les Romains, fatigués de leurs divisions, les ont appelées à leur secours.

PHILOSOPHES.

La Grèce avait reçu de l'Asie et de l'Égypte les principes de ses croyances, de ses arts et de ses institutions; mais elle fut véritablement le berceau de la philosophie ; c'est au commencement du sixième siècle avant notre ère qu'elle manifesta son auguste mission dans le monde. Pendant l'espace de cent cinquante ans, on la vit atteindre le plus haut degré auquel l'intelligence puisse s'élever, pour tomber dans le plus grand discrédit où la corruption des mœurs et l'abus de la raison pussent la conduire.

Thalès de Milet, Pittacus de Mitylène, Bias de Priène, Cléobule de Lindos, dans l'île de Rhodes, peuvent être considérés comme les fondateurs de la morale politique. Ce furent eux, et quelques autres sages, qui donnèrent non-seulement des conseils à leurs compatriotes, mais dont les lumières réprimèrent la barbarie par des lois salutaires, perfectionnèrent les mœurs par des leçons de sagesse, et étendirent les connaissances au moyen de découvertes importantes. — 630 ans avant Jésus-Christ, Thalès jeta les fondements de la première école philosophique, dite l'école Ionique ; il eut pour successeurs Anaximandre et Anaximènes, qui furent remplacés par Anaxagore, maître de Périclès, et par Archélaüs, dont Socrate fut l'élève. Cinquante ans après Thalès, sa doctrine fut enseignée par Xénophon de Colophon, Leucippe et Parménide d'Élée, et Héraclite d'Éphèse.

Les philosophes de l'antiquité, à peu d'exceptions près, ne virent dans la nature qu'une puissance aveugle, qui dirige tout avec autant d'ordre que si elle était intelligente; dogme opposé à la saine morale. Cependant, cette erreur sur Dieu et sa providence ne détruisirent pas, même dans le cœur d'Épicure, les idées de justice et de probité. Ces philosophes, qui ne connurent pas et qui ne purent connaître la révélation, avaient trouvé dans leur raison des motifs suffisants pour être fidèles à leurs devoirs. C'est que la Divinité voulut qu'ils rendissent témoignage à l'excellence de notre nature par l'éclat de leurs vertus morales, comme les chrétiens le rendent aux enseignements de la religion révélée par le spectacle des vertus d'un ordre bien supérieur. En voyant donc ce que la raison seule peut produire, l'homme est porté à bénir l'auteur de toutes choses et non à le blasphémer. Rien donc ne fait plus d'honneur aux anciens philosophes que d'avoir été vertueux par sentiment, et d'avoir conservé, dans la dignité de leurs actions, la dignité de l'homme.

Les successeurs de Thalès s'accordaient à reconnaître dans la superstition des peuples une maladie de l'esprit qui devait conduire à l'athéisme. Le système de Leucippe, combiné par Démocrite d'Abdère, le prouva. Tandis que Démocrite détrônait les dieux de l'Olympe, Anaxagore de Clazomène révélait une doctrine nouvelle, en annonçant un Esprit divin, existant et vivifié par lui-même, comme la cause et le moteur unique du monde matériel. Suivant lui, l'intelligence créatrice et souveraine était particulièrement distinguée de l'âme du monde, expression qu'il employait pour désigner les lois que l'Éternel a imprimées à ses ouvrages. Dieu n'animait pas la matière, il lui donnait l'impulsion; il ne pouvait pas être renfermé dans les entraves d'une substance qui s'altère et change de modifications; sa nature était pure, spirituelle et incapable d'être souillée par aucun mélange corporel. Ce système, suivi de recherches sur les attributs de la divinité, servit de prolégomènes aux devoirs de la morale par laquelle Socrate et ses disciples auraient fait une révolution dans la Grèce, si les progrès de cette divine philosophie n'eussent pas été contrariés par les préjugés grossiers du vulgaire et par les susceptibilités des sophistes. Ceux-ci, au nombre desquels on compte Hippias, Protagoras, Prodicos, Gorgias, etc., discouraient sur toutes choses et prétendaient ne rien ignorer; ils fréquentaient Athènes et les grandes villes, où ils acquirent la faveur des riches et les applaudissements de la multitude; ils enseignaient toute espèce de science et d'arts. Leur langage était vif et harmonieux, leurs manières élégantes et leur vie splendide. Uniquement occupés de plaire, leurs dogmes sapaient les principes de la morale en bravant les lois de la décence, de la tempérance, de la justice et des vertus qui sanctifient le foyer domestique. Au moment où ils triomphaient, leur fraude fut découverte et leur caractère démasqué par Socrate. Celui-ci reconnut, avec Anaxagore, une essence suprême dont la providence réglait les opérations de la nature et les événements de la vie humaine. Il découvrit dans les perfections de l'intelligence suprême les lois générales par lesquelles une providence éternelle avait dispensé inégalement aux hommes le bien et le mal, les richesses et la misère. Il regardait les conditions de la société comme la volonté d'un Dieu, à laquelle il était de notre devoir de nous soumettre. Les actions des hommes faisaient la matière de ses recherches, leur instruction en formait l'objet, et leur bonheur en était le but. Socrate remit en vigueur cette maxime à jamais célèbre : *Connais-toi toi-même*, et fait époque dans l'histoire de l'esprit humain. Il eut beaucoup de disciples, mais en même temps beaucoup d'ennemis. Accusé d'impiété devant l'Aréopage, il refusa de se défendre et fut, malgré son innocence, condamné à boire la ciguë. Il aurait pu se soustraire à la mort, toute facilité lui était offerte pour cela; mais il refusa de fuir et n'hésita pas à donner, aux dépens de sa vie, un exemple du respect qu'on doit aux lois de son pays, même quand elles sont appliquées d'une manière injuste; il subit la mort avec un courage et une résignation admirables. Dès ce moment la philosophie fut fondée; la véritable philosophie, celle qui s'occupe de ce qui est bien, de ce qui est mal, qui règle la vie humaine et la morale. Au milieu des ténèbres du paganisme, Socrate eut de sublimes pressentiments sur l'unité de Dieu et l'immortalité de l'âme.

Socrate n'a rien écrit; mais sa doctrine lui a survécu et a

fait naître trois grandes écoles qui peuvent en être regardées comme les principales branches, l'Académie, le Lycée et le Portique.—L'Académie, fondée dans Athènes par Platon, le plus célèbre des disciples de Socrate, tirait son nom d'un jardin qui avait appartenu à un certain Académus, et dans lequel Platon donnait ses leçons.—Le Lycée, avant de désigner une secte de philosophie, était une promenade d'Athènes, sur les bords de l'Ilissus, où Aristote, disciple de Platon et précepteur d'Alexandre, donnait ses leçons en se promenant avec ses disciples, qui furent appelés *péripatéticiens,* c'est-à-dire promeneurs.—Le nom de Portique fut donné à l'école de Zénon, fondateur du stoïcisme, parce que les disciples de ce philosophe se réunissaient au Pœcile, célèbre portique d'Athènes : de là le nom de Stoïciens ou disciples du Portique.

A ces trois grandes écoles on doit joindre celle de Pythagore, qui avait fondé précédemment l'école Italique et celle d'Épicure. Platon représente plus particulièrement le spiritualisme ou l'idéal; Aristote s'appuie davantage sur l'expérience et le sens commun; le sentiment du devoir et l'austérité des mœurs caractérisent la doctrine de Zénon; la philosophie d'Épicure n'est autre chose que l'art de jouir de la vie.

MŒURS.

Les Athéniens ont été de tout temps renommés par leur urbanité et par une bienséance générale qui fait qu'un homme s'estime soi-même, et par une politesse qui fait croire qu'il estime les autres. Le peuple était vif, gai, railleur et très-bruyant. La bonne compagnie exigeait de la décence dans les expressions et dans l'extérieur; elle savait proportionner au temps et aux personnes les égards par lesquels on se prévient mutuellement, et regardait une démarche affectée ou précipitée comme un signe de vanité ou de légèreté; un ton brusque, sentencieux, trop élevé, comme une preuve de mauvaise éducation ou de rusticité. Elle exigeait une certaine facilité de mœurs, également éloignée de cette complaisance qui approuve tout, et de cette austérité chagrine qui n'approuve rien. Mais ce qui la caractérisait particulièrement, c'était une plaisanterie fine et légère, qui réunissait la décence à la liberté, qu'il fallait savoir pardonner aux autres et se faire pardonner à soi-même. Le sel que les Athéniens mettaient dans leurs plaisanteries s'est conservé chez nous sous le nom de *sel attique*. Les Athéniens vivaient peu dans l'intérieur de leurs maisons. Le matin avant midi, et le soir avant l'heure du repos, ils fréquentaient les promenades et les places publiques, autour desquelles étaient des boutiques de parfumeurs, d'orfévres, de barbiers, et ouvertes à tout le monde, où l'on discutait avec bruit les intérêts de l'État, les anecdotes de familles, les vices et les ridicules des particuliers. Du sein de ces assemblées, qu'un mouvement confus séparait et renouvelait sans cesse, partaient mille traits ingénieux ou sanglants contre ceux qui paraissaient à la promenade avec un extérieur négligé, ou qui ne craignaient pas d'y étaler un faste révoltant ; car le peuple, railleur à l'excès, employait une plaisanterie d'autant plus redoutable qu'elle cachait avec soin sa malignité. Aux différents portiques disséminés dans la ville se rassemblaient des compagnies choisies, que le goût insatiable pour les nouvelles, suite de l'activité de leur esprit et de l'oisiveté de leur vie, forçait à se rapprocher les uns des autres. Ce goût vif, qui avait fait donner aux Athéniens le nom de *boyeurs* ou *badauds*, se ranimait avec fureur pendant la guerre, où chacun s'abordait avec empressement pour se demander ce qu'il y avait de nouveau.

MOEURS DOMESTIQUES. — Les Athéniens faisaient un usage immodéré des bains. Outre les bains publics, où le peuple se rendait en foule, et qui servaient d'asile aux pauvres pendant l'hiver, les particuliers en avaient dans leurs maisons ; ils se mettaient au bain souvent après la promenade, et toujours avant le repos. Les habits, en général fort simples, étaient recouverts par une tunique qui descendait jusqu'à mi-jambe. Dans la manière de disposer les parties du vêtement, les hommes devaient se proposer la décence, les femmes y joindre l'élégance et le goût. Elles portaient une tunique blanche, qui s'attachait avec des boutons sur les épaules, qu'on serrait au-dessous du sein avec une large ceinture, et qui descendait en plis ondoyants jusqu'aux talons; une robe plus courte assujettie sur les reins par un large ruban, garnie quelquefois de manches qui ne couvraient qu'une partie des bras, et par-dessus le tout un manteau qui paraissait plutôt fait pour dessiner les contours du corps que pour le couvrir. Quand elles sortaient, elles jetaient un voile sur leur tête.

FEMMES.—Les Athéniennes peignaient leurs sourcils en noir, et appliquaient sur leur visage une couche de blanc avec de fortes teintes de rouge. Presque toujours enfermées dans leurs appartements, elles étaient privées du plaisir de partager et d'augmenter l'agrément des sociétés que leurs époux rassemblaient. La loi ne leur permettait de sortir pendant le jour que dans certaines circonstances, et pendant la nuit qu'en voiture et éclairées par un flambeau. Mais elles avaient bien des motifs légitimes pour sortir de leurs retraites : des fêtes particulières, interdites aux hommes, les rassemblaient souvent entre elles; dans les fêtes publiques, elles assistaient aux spectacles ainsi qu'aux cérémonies du temple.—Les Athéniennes ne devaient pas recevoir des hommes chez elles en l'absence de leurs époux. Si elles étaient surprises dans l'infraction de leurs devoirs conjugaux, leur époux avait le droit de les répudier sur le champ; les lois les excluaient pour toujours des cérémonies religieuses. La sévérité des lois ne saurait toutefois éteindre dans les cœurs le désir de plaire, et les précautions de la jalousie ne servent qu'à l'enflammer. Éloignées des affaires publiques, les Athéniennes, portées à la volupté par l'influence du climat, n'eurent souvent d'autre ambition que d'être aimées, d'autre soin que celui de leur parure, d'autre vertu que la crainte du déshonneur. Attentives pour la plupart à se couvrir des ombres du mystère, peu d'entre elles se sont rendues fameuses par leur galanterie. Cette célébrité était réservée aux courtisanes.

MARIAGES.—Le mariage était considéré comme la source du bonheur. Son institution était attribuée, d'après une tradition antique, à la bonté des dieux. On le célébrait avec la pompe des fêtes religieuses. Un cortège rempli d'allégresse, portant des flambeaux comme dans les mystères, marchait en triomphe aux chants d'hymen, et l'eau lustrale qu'on répandait sur les époux était puisée dans les fontaines visitées par les génies qui président à la fécondité.

Pour les Athéniens, la campagne et le bonheur d'y habiter surpassaient toute autre jouissance, et l'agriculture, placée sous la protection des dieux, fut, malgré les applaudissements prodigués aux orateurs et aux poëtes, la principale occupation des habitants de l'Attique, ainsi que leur premier titre d'honneur.

HOSPITALITÉ. — L'hospitalité était en honneur dans toute la Grèce. A la voix d'un étranger, toutes les portes s'ouvraient, tous les soins lui étaient prodigués, et, pour rendre à l'humanité le plus beau des hommages, on ne s'informait de son état et de sa naissance qu'après avoir prévenu ses besoins. Ce n'était pas à leurs législateurs que les Grecs étaient redevables de cette institution sublime; ils la devaient à la nature, dont les lumières vives et profondes remplissent le cœur de l'homme, et ne s'y éteignent pas facilement puisque notre premier mouvement est toujours un mouvement d'estime et de confiance pour nos semblables, et que la défiance serait regardée comme un vice si l'expérience de tant de perfidies n'en avait presque fait une vertu.

REPAS, FESTINS. — Les banquets et les festins étaient la suite de quelques fêtes ou de quelques grandes cérémonies religieuses : c'était une des plus douces jouissances de la vie ; la place d'honneur était au bout de la table. On écrivait sur des tablettes le nom des personnes conviées. L'invitation qu'on leur adressait spécifiait l'heure de la réunion calculée d'après l'ombre du cadran solaire ; les parents venaient souvent sans être demandés. On donnait le nom de mouches ou de parasites aux écornifleurs habitués à vivre aux dépens de ceux qui tenaient table ouverte ; il y avait des parasites de tous les états : poëtes, médecins, philosophes, militaires, histrions ; quelques-uns étaient reçus partout avec distinction ; les autres, généralement honnis, erraient çà et là à la poursuite d'un repas qu'ils payaient par le mépris qu'on leur témoignait. Il fallait, dans tous les cas, flatter et amuser, ou être éconduit honteusement. — Primitivement, les convives n'excédaient pas le nombre de cinq à six ; les lois d'Athènes le fixèrent à trente et un, enfin il devint illimité. On ne se présentait au banquet qu'après s'être parfumé et frotté d'huile ; les étrangers trouvaient moyen de s'acquitter de ce devoir de propreté dans la maison de leur hôte, où il y avait toujours des bains d'étuves. Lorsque les convives étaient arrivés, on brûlait l'encens et les parfums et on se couronnait de fleurs. On tirait ensuite le roi du festin, dont les fonctions consistaient à écarter la licence sans nuire à la liberté, à fixer l'instant où on boirait à longs traits, à indiquer les santés qu'on devait porter, et à faire observer les règles établies parmi les buveurs. Dans l'intention de se préserver de la fièvre ou des maladies causées par le vin, on entourait les coupes de couronnes de fleurs. Le vin était versé par des échansons des deux sexes, filles ou garçons, choisis dans les classes les plus élevées de la société, surtout pour officier dans les festins qui se passaient dans le temple de dieux. Les grâces et l'enjouement, partage enchanteur de la jeunesse, semblaient propres à exciter la gaieté des convives : aussi la beauté était-elle une puissante recommandation pour être admis à l'emploi d'échanson. Ceux qui versaient le vin devaient être dans tout l'éclat de la beauté ; ceux chargés d'offrir l'eau étaient d'un âge plus avancé.

FUNÉRAILLES. — Lorsqu'une personne était dangereusement malade, on attachait à la porte de sa demeure des rameaux de nerprun et de laurier, afin d'éloigner les Génies malfaisants et de se rendre favorable Apollon, dieu de la médecine. Le premier devoir qu'on rendait aux morts était de leur fermer les yeux et la bouche. Le corps restait exposé pendant une journée entière sous le vestibule de la maison ; un vase d'eau lustrale était posé à côté du catafalque. Mal parler de celui qui avait payé sa dette à la nature, et poursuivre sa vengeance contre sa mémoire, entraînait la peine d'infamie. — Les honneurs du bûcher étaient le partage des citoyens riches et distingués : ils étaient portés au bûcher le huitième jour après leur décès ; les pauvres étaient inhumés dès le lendemain de leur mort. La nuit était en général regardée comme un temps défavorable aux pompes funèbres ; il n'y avait que celles des jeunes gens qui se faisaient avant l'aurore, afin de ne pas exposer à la lumière du soleil le spectacle d'une perte qui causait les plus vifs regrets à la patrie. Les Athéniens, par un usage contraire à celui des autres peuples de la Hellade, célébraient toutes les funérailles avant le jour. Les cendres des morts étaient renfermées dans des urnes de bois, de terre, de marbre ou de quelque métal précieux. Chez les anciens Grecs, chaque famille avait sa sépulture dans l'enceinte de son domicile ; les personnages illustres furent quelquefois enterrés dans les temples.—Après l'enterrement, on se réunissait à la maison mortuaire pour assister au banquet funèbre, vêtus d'une tunique blanche ; pendant tout le repas, la conversation ne roulait que sur les qualités, les vertus et le mérite du défunt. Le neuvième et le trentième jour, les parents, habillés de blanc et couronnés de fleurs, se réunissaient encore pour rendre de nouveaux honneurs à ses mânes.

MUSIQUE.—La musique faisait les délices des Grecs. Dans l'origine elle n'était pas d'un genre savant, mais par cela même elle était plus propre à émouvoir les sens ; les effets qu'on lui attribue sont étonnants sans être incroyables. Dans les temps héroïques, les premiers musiciens furent mis au rang des dieux et révérés comme les protecteurs de l'art qu'ils avaient inventé. Platon recommande la musique comme principe d'une bonne éducation. Dans les jeux Pythiques on décernait au vainqueur une couronne de laurier. On ajoutait quelquefois à ce don une corbeille et un bassin rempli de pommes, fruit consacré à Apollon. Périclès introduisit des concours de musique dans les fêtes des Panathénées ; il en fixa les lois et fit construire l'Odéon pour célébrer les jeux inconnus jusqu'alors aux Athéniens. On éleva une colonne dans l'Altis, à Pythocrite de Sicyone, qui avait remporté six fois le prix de la flûte aux fêtes d'Olympie. L'histoire parle d'Agelaos de Tégée, joueur fameux de la lyre sans chant, et de Midas d'Agrigente, chanté par Pindare, qui obtint le prix de cet instrument à Olympie et aux Panathénées. Indépendamment des jeux pour la flûte et pour la lyre, il y avait des prix pour le cor et pour la trompette; Timée et Cratès, Eléens, obtinrent des couronnes sur ces instruments. Dans la xcvi[e] Olympiade, Archias, d'Hyba, gagna par trois fois la même couronne aux jeux olympiques; Eudore, de Mégare, reçut dix fois de suite un semblable prix.

DANSE.—Les Grecs avaient une grande passion pour la danse, et les femmes qui remportaient le prix dans les brillants exercices des fêtes grecques obtenaient des statues et des monuments publics. La danse sacrée est la plus ancienne de toutes les danses. Orphée, qui avait parcouru l'Egypte, et qui s'était fait initier aux mystères des prêtres d'Isis, établit la danse en Grèce pour honorer les dieux dont il établit le culte. La danse sacrée donna dans la suite l'idée de celles que l'allégresse publique, les fêtes des particuliers, les mariages des rois, les victoires, firent inventer en différents temps, et lorsque le génie, en s'échauffant par degré, parvint enfin jusqu'à la combinaison des spectacles réguliers, la danse fut une des parties principales qui entrèrent dans cette institution.— La danse armée était la plus ancienne des danses profanes; les Grecs l'exécutaient avec l'épée, le javelot et le bouclier. Les danses bachiques, instituées par Bacchus, étaient exécutées par les bacchantes. Pan est regardé comme l'inventeur des danses rustiques ou champêtres, qui s'exécutaient dans la belle saison au milieu des bois. Bacchus institua, à son retour d'Egypte, la danse des festins, qui s'exécutait, après le repas, au son des instruments. Les Lacédémoniens instituèrent la danse de l'innocence, que les jeunes filles exécutaient nues devant l'autel de Diane, avec des attitudes douces et modestes, et des pas lents et graves. Les danses lascives, qui peignaient la volupté, durent leur origine aux bacchanales. La danse de l'hymen, qui, au rapport d'Homère, était gravée sur le bouclier d'Achille, était exécutée dans les mariages par de jeunes garçons et de jeunes filles, qui exprimaient par leurs figures, leurs pas et leurs gestes, la joie vive d'une noce.

En Grèce, les danses ne furent jamais séparées de la musique; elles s'exécutaient dans les sacrifices, autour des autels, devant les images des dieux, et constituaient une partie essentielle des fêtes. La Grèce entière accourait aux fêtes de Délos, où des jeunes filles des plus brillantes théories formaient des danses accompagnées des sons de la lyre et de la flûte. Dans un acte particulier de cette panégyrie, les vierges de la Hellade allaient, en valsant légèrement, tandis qu'on chantait l'hymne de Diane, suspendre des guirlandes à la statue de Vénus qu'Ariane avait apportée de Crète; celles qui s'étaient distinguées par leur agilité et par la modestie de leur maintien recevaient pour prix des couronnes d'olivier, de fleurs, et des trépieds précieux.

COURTISANES.—Sous le règne de Périclès, on vit s'introduire dans Athènes une classe de femmes qui, se dépouillant de leur modestie naturelle, et dédaignant les vertus domestiques, firent un trafic de leurs charmes, et établirent une école de plaisirs et de vices, comme il y avait des écoles de littérature et de philosophie. Rien ne contribua autant à perdre les mœurs de la jeunesse que la supériorité des courtisanes sur les mères de famille, dont l'éducation était totalement négligée. Celles-ci, confinées dans les appartements les plus retirés de leurs maisons, employées aux plus bas offices de leur intérieur, ne communiquaient au dehors que pour suivre des processions, pour accompagner des funérailles, ou pour assister à quelques cérémonies religieuses. Dans ces occasions mêmes, leur conduite était attentivement surveillée et souvent malicieusement interprétée. Leur éducation, au lieu de développer leur esprit, ne tendait qu'à le resserrer et à l'avilir; leur principale vertu était la réserve, et leur point d'honneur l'économie politique. Cependant ces femmes, dit Xénophon, avaient besoin d'indulgence, et pour avoir la paix si rare du gynécée, lorsque parfois elles

3

succombaient sous la tyrannie irrésistible des passions, on pardonnait la première faiblesse, et on oubliait la seconde. Malgré de tels sacrifices, l'union était un phénomène très-rare dans l'intérieur d'un ménage, parce que dépourvues d'instruction et d'usage du monde, les grâces fuyaient à leur aspect, tandis qu'elles présidaient à toutes les actions des courtisanes. Celles-là, élevées dans l'art de séduire par des femmes qui joignaient l'exemple aux leçons, surpassaient bientôt leurs modèles, et faisaient une étude constante de l'art de plaire. Les agréments de leur figure et de leur jeunesse, les grâces touchantes répandues sur toute leur personne, l'élégance de leur parure, la réunion de la musique, de la danse et de tous les talents agréables, un esprit cultivé, des saillies heureuses, l'artifice du langage et du sentiment, tout se réunissait pour en faire des femmes séduisantes, auxquelles il était presque impossible de résister. Les jeunes gens qui entraient dans le monde, les hommes d'un certain âge, les magistrats, les philosophes même, réservaient leurs complaisances et leurs attentions pour les maîtresses qu'ils entretenaient, chez lesquelles ils passaient une partie de la journée, et dont quelquefois ils avaient des enfants qu'ils adoptaient et qu'ils confondaient avec leurs enfants légitimes. Souvent ils dissipaient auprès d'elles leur fortune et leur honneur, jusqu'à ce qu'ils fussent abandonnés, pour traîner le reste de leur vie dans l'opprobre et les regrets. Toutefois, malgré l'empire qu'elles exerçaient, les courtisanes ne pouvaient paraître dans les rues avec des bijoux précieux, et les gens en place n'osaient se montrer en public avec elles.

THÉATRES.—Les Grecs, à qui l'on doit l'invention du drame, furent aussi les inventeurs des théâtres; c'est aux artistes de ce peuple que l'on doit les premières règles qu'on suit pour les élever; c'est encore à eux qu'on doit l'art de peindre et de décorer la scène, arts qu'ils ont portés à une haute perfection. Dans les temps reculés, pour avoir une place où l'on pût, à l'abri des rayons du soleil ardent, raconter les aventures des dieux et des héros, on construisait une cabane de branches d'arbres qui représentait la scène : c'est ce qu'on faisait à la campagne, dans les jours de fête. Mais bientôt on célébra des fêtes semblables dans les villes, et alors on élevait un échafaudage en bois. Plus tard, les théâtres furent construits en pierre, et souvent avec une grande magnificence.—Autant que les localités le permettaient, on plaçait les théâtres à mi-côte, afin de pouvoir établir plus facilement les sièges des spectateurs; c'est ce qu'on voit par les ruines de presque tous les théâtres anciens qui se sont conservés jusqu'à nos jours. A Athènes, le premier théâtre en pierre fut élevé au temps de Thémistocle; il reçut le nom de Bacchus. Depuis ce temps, on éleva des théâtres dans les principales villes de la Grèce. L'architecture rendit célèbres ceux d'Egine, d'Epidaure, de Mégalopolis, d'Argirion, de Syracuse et de Tauromenion.

En Grèce, le théâtre était regardé comme une chose de première importance; il formait une partie essentielle du culte religieux : les dépenses qu'il occasionnait excédaient celles de l'armée de terre et de la marine qu'on entretenait en temps de paix. Les théâtres furent portés à leur plus haut point de perfection quand Euripide eut inventé le chœur. Le lieu de la scène était ordinairement le portique d'un temple, l'entrée d'un palais, ou la vaste étendue du marché. Le chœur, qui ne quittait pas le théâtre, constituait l'unité d'action et de lieu : les danses et les chants qu'il exécutait dans les entr'actes exprimaient les sensations causées par l'action; il marquait la liaison de l'acte précédent avec celui qui suivait, et, par ce moyen, toutes les parties formaient un ensemble.—La tragédie, intitulée la *chanson du bouc*, et la comédie, qu'on nommait la *chanson du village*, furent inventées au milieu des fêtes de la vendange. On les représentait sur des tréteaux ou sur des charrettes. La comédie grecque, calquée sur ce qu'il y avait de plus ridicule, de plus burlesque, surpassait tout en licence. C'est en vain que quelques admirateurs de l'antiquité ont voulu pallier son obscénité, rendue plus immonde par le costume des acteurs et par les chansons phalliques qu'on mettait dans leur bouche impure. Cette dégradation littéraire, sortie de l'école des sophistes, continua durant toute la guerre de Péloponèse et pendant la peste dont fut frappée l'Attique.

JEUX.—Les jeux et les combats faisaient, chez les Grecs, partie de la religion, et leur institution remontait aux temps héroïques. Les plus grands poëtes mettaient leur gloire à chanter la victoire de ceux qui avaient remporté le prix dans les jeux. Les Grecs regardaient les exercices comme un apprentissage de la guerre, en ce qu'ils rendaient les jeunes gens plus vigoureux et plus propres au métier des armes. Quatre grandes solennités réunissaient à diverses époques les peuples de la Grèce : les jeux Pythiques ou de Delphes, les jeux Isthmiques ou de Corinthe, les jeux de Némée et les jeux Olympiques. Les jeux Pythiques se célébraient à Delphes, tous les quatre ans, en l'honneur d'Apollon, vainqueur du serpent Python : le vainqueur était couronné de laurier; on y disputait les mêmes prix qu'à Olympie, et de plus le prix de musique. Les jeux Néméens avaient lieu tous les deux ans dans les plaines de Némée, ville du Péloponèse, en l'honneur d'Hercule, vainqueur du lion de Némée; la couronne était d'ache verte. Les jeux Isthmiques se célébraient tous les quatre ans dans l'Isthme de Corinthe en l'honneur de Neptune; la couronne était d'ache sèche. Les jeux Olympiques étaient les plus célèbres; ils avaient lieu tous les quatre ans, à Olympie, en l'honneur de Jupiter Olympien, au solstice d'été, et duraient cinq jours. Nous ne parlerons que de ces derniers jeux, parce que tous les autres offraient à peu près les mêmes spectacles.

Les jeux Olympiques furent institués par Hercule. Après une longue interruption, ils furent rétablis par les conseils de Lycurgue et par les soins d'Iphitus, souverain d'un canton de l'Elide. Cent huit ans après on inscrivit pour la première fois sur le registre public des Eléens le nom de celui qui avait remporté le prix à la course du stade; cet usage continua, et de là cette suite de vainqueurs dont les noms, indiquant les différentes olympiades, forment autant de points fixes pour la chronologie.—Les jeux Olympiques se célébraient tous les quatre ans. Les Éléens, qui en avaient l'administration, employaient tous les moyens à leur disposition pour donner aux spectacles toute la perfection dont ils étaient susceptibles, tantôt en introduisant de nouvelles espèces de combats, tantôt en supprimant ceux qui n'avaient point rempli l'attente des assemblées précédentes. C'était à eux qu'il appartenait d'écarter les manœuvres et les intrigues, d'établir l'équité dans les jugements, et de faire observer les règlements des jeux. A chaque olympiade on tirait au sort les juges ou présidents des jeux, qui étaient au nombre de huit. Ces juges s'assemblaient à Élis, où ils s'instruisaient, pendant l'espace de dix mois, sous des magistrats interprètes de ces règlements, des fonctions qu'ils avaient à remplir.

Quelques jours avant l'ouverture des jeux, les peuples de toutes les parties de la Grèce et des pays les plus éloignés abondaient en foule à Olympie par terre et par mer, et s'empressaient de se rendre à ces fêtes, dont la célébrité surpassait celle de toutes les autres solennités, quoique cependant elles fussent privées d'un agrément qui les aurait rendues plus brillantes : de la présence des femmes, qui n'y étaient point admises, sans doute à cause de la nudité des athlètes. La loi qui les en excluait était si sévère, qu'on précipitait du haut d'un rocher celles qui osaient la violer.

La durée des jeux Olympiques était de cinq jours. Ils s'ouvraient le soir par plusieurs sacrifices que l'on offrait sur des autels élevés en l'honneur de différentes divinités soit dans le temple de Jupiter, soit dans les environs. Les cérémonies se prolongeaient fort avant dans la nuit. A minuit, dès qu'elles étaient achevées, la plupart des assistants, par un empressement qui durait pendant toutes les fêtes, allaient se placer dans la carrière pour mieux jouir du spectacle des jeux, qui commençaient avec l'aurore.—La carrière olympique se divisait en deux parties, le stade et l'hippodrome. Le stade était une chaussée de 190 mètres de long et d'une longueur proportionnée, où se faisaient les courses à pied, et où se donnaient la plupart des combats. L'hippodrome était destiné aux courses des chars et des chevaux; un de ses côtés s'étendait sur une colline; l'autre côté, un peu plus long, était formé par une chaussée; sa largeur était de 280 mètres et sa longueur du double. L'hippodrome était séparé du stade par un édifice qu'on appelait barrière. C'était un portique devant lequel était une cour spacieuse faite en forme de proue de navire, dont les murs allaient en se rapprochant l'un de l'autre, et laissaient à leur extrémité une ouverture assez grande pour que plusieurs chars y passassent à la fois. Dans l'intérieur de cette cour, on avait construit, sur différentes lignes parallèles, des remises pour les chars et pour les chevaux, que l'on tirait au sort, parce que les unes étaient plus avantageusement situées les unes que les autres. — Le stade et l'hippodrome étaient ornés de statues, d'autels et d'autres monuments sur lesquels on affichait la liste et l'ordre des combats qui se donnaient pendant les fêtes olympiques.

La course tenait le premier rang parmi les exercices des jeux Olympiques. Il y avait la course à pied et la course de chars. Dans la course à pied, les coureurs étaient rangés sur une même ligne, et, dès que le signal était donné, ils s'élançaient en même temps dans le stade. Aussitôt, l'espérance et la crainte se peignaient dans les regards inquiets des spectateurs; elles devenaient plus vives à mesure qu'on approchait de l'instant qui devait les dissiper. Celui qui parvenait le premier à la borne où se tenaient les présidents des jeux était déclaré vainqueur; le héraut proclamait son nom, que mille bouches répétaient. L'honneur qu'il obtenait était le premier et le plus brillant de ceux qu'on décernait aux jeux Olympiques, parce que la course du stade simple était la plus ancienne de celles qui avaient été admises dans ces fêtes. — Il y avait une seconde course, dans laquelle, après avoir atteint le but, on revenait à la barrière; et une troisième, beaucoup plus longue, qui consistait à tourner douze fois autour du but.

La course du char était la plus renommée, parce que, dans les temps primitifs, c'était la coutume des princes et des héros de combattre du haut d'un char, et que ceux qui se présentaient aux jeux Olympiques pour ces sortes de courses étaient d'une grande naissance ou célèbres par leurs exploits. Plus tard, ceux qui aspiraient aux prix, ne furent pas obligés de les disputer eux-mêmes; souvent les souverains et les républiques se mettaient au nombre des concurrents et confiaient leur gloire à d'habiles écuyers. On trouve sur la liste des vainqueurs Théron, roi d'Agrigente; Gélon, roi de Syracuse; Pausanias, roi de Lacédémone; Archélaüs, roi de Macédoine, et quantité d'autres. Il est aisé de juger que de pareils rivaux devaient exciter la plus vive émulation; ils étalaient une magnificence que souvent les particuliers cherchaient à égaler, et qu'ils surpassaient quelquefois.—Les chars étaient attelés de deux et de quatre chevaux rangés de front; ils partaient de la barrière à un certain signal; la place de chacun était réglée par le sort.

Les autres exercices des jeux Olympiques étaient des combats d'athlètes, et consistaient dans la lutte, le pugilat, le pancrace et le disque.

L'exercice de la lutte se bornait à lutter l'un contre l'autre, et à tâcher, par adresse ou par force, de terrasser son adversaire.

Le pugilat était un combat à coup de poings. Les combattants étaient armés de cestes, espèces de gantelets composés de plusieurs courroies et revêtus de plaques de plomb. Le plus souvent le vaincu se retirait défiguré et quelquefois tombait mort ou mourant sur l'arène.

Le pancrace était un combat à outrance : on y employait la lutte et le pugilat. Les combattants s'attaquaient avec fureur et faisaient pleuvoir l'un sur l'autre une grêle de coups; souvent, l'un d'eux tombait sur la terre, le corps brisé; quelquefois, un autre, épuisé et couvert de blessures mortelles, se relevait tout à coup, et, prenant de nouvelles forces dans son désespoir, cherchait par un dernier effort à ravir la victoire à son adversaire. Les Grecs se repaissaient avec plaisir de ces horreurs, et animaient par leurs cris les malheureux acharnés les uns contre les autres.

Le disque était un jeu qui consistait à lancer le plus loin possible une espèce de palet de métal ou de pierre, de forme lenticulaire, très-lourd, d'une surface très-polie, et par là même très-difficile à saisir.

Les vainqueurs des jeux ne devaient être couronnés que dans le dernier jour des fêtes. Chacun d'eux recevait une couronne d'olivier et une branche de palmier. Ensuite le héraut le conduisait à son de trompe autour du stade, et le proclamait à haute voix. Les spectateurs répondaient par des applaudissements. A son retour dans sa ville natale, il y entrait, sur un char à quatre chevaux, par une brèche que l'on faisait aux murailles, et tous ses concitoyens allaient au-devant de lui.

FÊTES. — Les premières fêtes des Grecs furent caractérisées par la joie et par la reconnaissance. Après avoir recueilli les fruits de la terre, les peuples s'assemblaient pour offrir des sacrifices et se livrer aux transports qu'inspire l'abondance. Plusieurs fêtes des Athéniens se ressentent de cette origine : ils célébraient le retour de la verdure, des moissons, de la vendange et des quatre saisons de l'année; et comme ces hommages s'adressaient à Cérès ou à Bacchus, les fêtes de ces divinités étaient en plus grand nombre que celles des autres. Dans la suite, le souvenir des événements utiles ou glorieux fut célébré à des jours marqués, pour être perpétué à jamais. En parcourant les mois de l'année des Athéniens, on y trouve un abrégé de leurs annales et les principaux traits de leur gloire; tantôt la réunion des peuples de l'Attique par Thésée, le retour de ce prince dans ses États, l'abolition qu'il procura de toutes les dettes; tantôt la bataille de Marathon, celle de Salamine, celles de Platée, de Naxos, etc. — C'était une fête pour les particuliers lorsqu'il leur naissait un enfant; c'en était une pour la nation lorsque ces enfants étaient inscrits dans l'ordre des citoyens, ou lorsque, parvenus à un certain âge, ils montraient en public les progrès qu'ils avaient faits dans l'exercice du gymnase. Outre les fêtes communes à la nation, il en était de particulières à chaque bourg.

Les solennités publiques revenaient tous les ans ou après

un certain nombre d'années. On distinguait celles qui, dès les plus anciens temps, furent établies dans le pays, et celles plus récemment empruntées des autres peuples. Quelques-unes se célébraient avec une extrême magnificence. Dans certaines occasions, on voyait jusqu'à trois cents bœufs traînés pompeusement aux autels. Plus de quatre-vingts jours, enlevés annuellement à l'industrie et aux travaux de la campagne, étaient remplis par des spectacles qui attachaient le peuple à la religion ainsi qu'au gouvernement. C'étaient des sacrifices qui inspiraient le respect par l'appareil pompeux des cérémonies; des processions où la jeunesse de l'un et de l'autre sexe étalait tous ses attraits; des pièces de théâtre, fruits des plus beaux génies de la Grèce; des danses, des chants, des combats où brillaient tour-à-tour l'adresse et les talents.

Dans les fêtes scéniques, qui se livraient au théâtre, chacune des dix tribus fournissait un chœur et le chef qui devait le conduire. Ce chef, qu'on nommait chorége, choisissait lui-même ses acteurs, qui, pour l'ordinaire, étaient pris dans la classe des enfants ou dans celle des adolescents. Il importait d'avoir un excellent joueur de flûte, un excellent maître pour régler leurs pas et leurs gestes. Les chœurs paraissaient dans les pompes ou processions; ils se rangeaient autour des autels, et chantaient des hymnes pendant les sacrifices; ils se rendaient au théâtre, où, chargés de soutenir l'honneur de leur tribu, ils s'animaient de la plus vive émulation. Des juges étaient établis pour décerner le prix, qui, dans certaines occasions, était un trépied que la tribu victorieuse consacrait dans un temple ou dans un édifice élevé spécialement pour le recevoir.

Le peuple, presque aussi jaloux de ses plaisirs que de sa liberté, attendait la décision du combat avec la même inquiétude et le même tumulte que s'il se fût agi de ses plus grands intérêts. Tout ce qui concernait les spectacles était prévu et fixé par les lois. Elles déclaraient inviolables, pendant les fêtes, la personne du chorége et celle des acteurs; elles réglaient le nombre des solennités où l'on devait donner au peuple les diverses espèces de jeux dont il était si avide. Telles étaient, entre autres, les Panathénées, les grandes Dionysiaques et les Eleusides.

Les Panathénées tombaient au premier mois qui commençait au solstice d'été. Instituées dans les plus anciens temps en l'honneur de Minerve, rétablies par Thésée en mémoire de la réunion de tous les peuples de l'Attique, elles revenaient tous les ans; mais elles se célébraient avec plus de pompe et de solennité dans la cinquième année. A cette époque, les peuples qui habitaient les bourgs de l'Attique se rendaient en foule à Athènes, amenant avec eux un grand nombre de victimes pour être offertes en sacrifice. Le matin, commençaient les courses de chevaux, où les fils des premiers citoyens de la république se disputaient la gloire du triomphe. A ces courses succédaient les exercices du disque et de la lutte, les combats plus pacifiques des musiciens sur la flûte ou la cithare; puis commençait à défiler la pompe composée de plusieurs classes de citoyens couronnés de fleurs et remarquables par leur beauté. C'étaient des vieillards d'une figure imposante, portant des rameaux d'olivier; des hommes faits, armés de lances et de boucliers; des garçons, âgés de dix-huit à vingt ans, chantant des hymnes en l'honneur de la déesse; de jolis enfants couverts d'une simple tunique et parés de leurs grâces naturelles; des troupes de jeunes filles appartenant aux meilleures familles d'Athènes, dont la beauté, la taille svelte et la démarche gracieuse attiraient tous les regards : leurs mains soutenaient sur leurs têtes des corbeilles qui, sous un voile éclatant, renfermaient des instruments sacrés, des gâteaux, et tout ce qui servait aux sacrifices. Elles étaient suivies de musiciens jouant de la flûte et de la lyre. Après eux venaient des rapsodes qui chantaient les poëmes d'Homère, et des danseuses armées de toutes pièces, qui, s'attaquant par intervalles, représentaient, au son des instruments, le combat de Minerve contre les Titans. On voyait ensuite paraître un vaisseau qui semblait glisser sur la terre au gré des vents et d'une infinité de rameurs, mais qui se mouvait par des machines renfermées dans son sein. Sur ce vaisseau se déployait une voile d'une étoffe légère, où de jeunes filles avaient représenté en broderie la victoire de Minerve contre ces mêmes Titans, ainsi que quelques héros dont les exploits avaient mérité d'être confondus avec ceux des dieux. Cette pompe marchait à pas lents sous la direction de plusieurs magistrats. Elle traversait le quartier le plus fréquenté de la ville, au milieu d'une foule de spectateurs dont la plupart étaient placés sur des échafauds construits à cet effet. Lorsqu'elle était parvenue au temple d'Apollon-Pythien, on détachait la voile du navire, et l'on se rendait à la citadelle, où il était déposé dans le temple de Minerve. La nuit avait aussi ses jeux et ses plaisirs. Le plus piquant, pour la multitude, était la course aux flambeaux, exécutée par des jeunes gens placés dans la carrière à des distances égales : le premier, au signal convenu, allumait un flambeau au feu d'un autel et le portait en courant à un second, qui le transmettait à un troisième, et ainsi successivement.

Tous ceux qui avaient été couronnés dans les différents exercices, invitaient leurs amis à souper. Il se donnait dans le Prytanée et dans d'autres lieux publics de grands repas qui se prolongeaient jusqu'au jour suivant. Le peuple, à qui on distribuait la chair des victimes immolées, dressait partout des tables et faisait éclater une joie vive et brillante.

Les grandes Dionysiaques étaient des fêtes consacrées à Bacchus. Pendant ces fêtes, la campagne, les bourgs et la ville entière étaient souvent plongés dans l'ivresse la plus profonde. Des troupes de bacchants et de bacchantes, couronnés de lierre, de fenouil, de peuplier, s'agitaient, dansaient, hurlaient dans les rues en invoquant Bacchus par des acclamations barbares, déchirant de leurs ongles et de leurs dents les entrailles des victimes, serrant des serpents dans leurs mains et les entrelaçant dans leurs cheveux. Ces tableaux se retraçaient particulièrement dans une fête qui se célébrait à la naissance du printemps. La ville se remplissait alors d'étrangers qui y venaient en foule pour apporter les tributs des îles soumises aux Athéniens, pour voir les nouvelles pièces qu'on donnait sur le théâtre, pour être témoins des jeux et des spectacles, mais surtout d'une procession qui représentait le triomphe de Bacchus. On y voyait le même cortége qu'avait souvent, dit-on, ce dieu lorsqu'il fit la conquête de l'Inde : des satyres, des dieux pans, des hommes traînant des boucs pour les immoler, d'autres montés sur des ânes à l'imitation de Silène, d'autres déguisés en femmes, d'autres portant des figures obscènes suspendues à de longues perches et chantant des hymnes dont la licence était extrême, enfin toutes sortes de personnes de l'un et de l'autre sexe, la plupart couvertes de peaux de faons, cachées sous un masque, couronnées de lierre, ivres ou feignant de le paraître, mêlant sans interruption leurs cris au bruit des instruments, les unes s'agitant comme des insensées et s'abandonnant à toutes les convulsions de la fureur, les autres exécutant des danses irrégulières et militaires, mais tenant des vases au lieu de boucliers, et se lançant, en forme de traits, des thyrses dont elles insultaient quelquefois les spectateurs. — Au milieu de ces troupes d'acteurs forcenés, s'avançaient dans un bel ordre les différents chœurs députés par les tribus; quantité de jeunes filles distinguées de la ville, marchant les yeux baissés, parées de tous leurs ornements, et tenant sur leurs têtes des corbeilles sacrées. Les toits des maisons, formés en terrasse, étaient couverts de spectateurs, et surtout de femmes, la plupart avec des lampes et des flambeaux, pour éclairer la pompe qui défilait presque toujours pendant la nuit, et qui s'arrêtait dans les carrefours et sur les places publiques pour faire des libations et pour offrir des sacrifices en l'honneur de Bacchus. — Le jour était consacré à différents jeux. On se rendait de bonne heure au théâtre, soit pour assister aux combats de musique et de danse que se livraient les chœurs, soit pour voir les nouvelles pièces que les acteurs donnaient au public.

Les Eleusines tiraient leur nom de la ville d'Eleusis, située à seize kilomètres d'Athènes, où Cérès avait un temple magnifique, construit par les soins de Périclès. Ces fêtes se célébraient tous les ans et duraient neuf jours. Elles consistaient surtout en processions dont les divers détails retraçaient les courses de Cérès à la recherche de sa fille Proserpine.—Le temple d'Eleusis était construit en marbre pentélique, sur un rocher qu'on avait aplani; il était desservi par une foule de prêtres. Les quatre principaux étaient : l'hiérophante, qui initiait les néophytes aux mystères d'Eleusis; il paraissait vêtu d'une robe parsemée d'étoiles d'or, le front ceint du diadème, et les cheveux flottant sur les épaules. Le second des ministres était le dadouchos, ou porte-flambeau, chargé de purifier ceux qui se présentaient aux initiations. Les deux autres grands prêtres étaient le héraut sacré et l'assistant, ou diacre de l'autel.

Les femmes seules participaient aux fêtes d'Adonis, et à celles qui, sous le nom de Thesmophories, se célébraient en l'honneur de Cérès et de Proserpine.

Tant que duraient les fêtes, la moindre violence contre un citoyen était considérée comme un crime et punie comme tel; toute poursuite contre un débiteur était interdite. Les jours suivants, les délits et les désordres étaient punis avec sévérité.

SCIENCES, ARTS ET BELLES-LETTRES.

Toutes les sciences, tous les arts, furent cultivés chez les Grecs avec un égal succès. Ce qui caractérise surtout cette nation privilégiée, c'est un sentiment exquis du beau, qu'on ne retrouve chez aucun peuple au même degré. Il n'est point de genre où ils n'aient laissé des modèles inimitables.

POÉSIE.—C'est dans la Thrace, au nord de la Grèce, que naquit, avec les mystères, la poésie des Grecs. Ces mystères, communs à toute l'antiquité païenne, étaient des cérémonies secrètes qui se pratiquaient dans les temples en l'honneur de certaines divinités, et auxquelles on n'était admis qu'après de longues épreuves. Ce fut le premier âge de la poésie, exclusivement consacrée aux dieux. Les poètes de ces temps religieux réunissaient le triple caractère de chantres, de théologiens et de prophètes. Ils chantaient sur la lyre les louanges des dieux, et enseignaient la sagesse dans leurs vers. Un des plus anciens poètes de cet âge primitif est Linus de Chalcis, qui passait pour fils d'Apollon et d'une Muse. Aprèslui, vient Orphée, qui excellait à jouer de la lyre, et qui, par la douceur de ses paroles et de ses chants, a puissamment contribué à civiliser les hommes.

A la poésie sacrée succéda la poésie héroïque, qui chanta les grandes actions des héros qui avaient bien mérité du genre humain ou excité l'admiration des peuples. Le nom d'Homère a immortalisé cette seconde époque de la poésie grecque. — Le grand événement qui termine les temps fabuleux est le sujet de ses deux poëmes. Dans l'Iliade, il chante les combats devant Troie; dans l'Odyssée, les voyages et les aventures d'Ulysse, qui, après la prise de cette ville, erra dix ans sur les mers avant de pouvoir rentrer dans sa patrie. Homère a été surnommé à juste titre le prince des poètes. Les anciens le comparaient à un grand fleuve, où tous les autres fleuves venaient remplir leu urne. — Dans l'intervalle qui sépare l'époque où florissait Homère du siècle le plus brillant de la Grèce, et auquel Périclès a attaché son nom, on rencontre les noms d'Archiloque, d'Alcée, de Sapho, de Simonide, et d'autres poètes lyriques, dont le plus célèbre est Pindare.

ART DRAMATIQUE. — La poésie dramatique brilla aussi d'un grand éclat et fit la gloire d'Athènes. Thespis inventa la tragédie, qui fut perfectionnée par Eschyle. Après lui vinrent Sophocle et Euripide. Parmi les auteurs comiques on cite Aristophane et Ménandre, dont quelques ouvrages seulement sont parvenus jusqu'à nous.

HISTOIRE. — Le plus ancien historien dont les écrits nous soient parvenus est Hérodote, qui, à l'époque de la 81me olympiade, lut aux jeux olympiques les premiers livres de son histoire, qui commence à Cyrus et finit à la bataille de Mycale; douze ans après, il en lut la fin à la fête des Panathénées, et les Athéniens, en témoignage de leur satisfaction, lui firent présent d'une somme de dix talents (54,000 fr.) Après Hérodote, vient Thucydide, dont le livre renferme l'histoire des vingt et une premières années de la guerre du Péloponèse, que continua Xénophon.

ÉLOQUENCE. — Dans un pays libre, où la puissance de la parole était le principal instrument politique, l'éloquence devait être et fut en effet cultivée avec succès. Ni les assemblées du peuple, ni le sénat, ni les magistrats, ni l'Aréopage n'étaient le pouvoir réel à Athènes; l'initiative appartenait aux orateurs. Lorsqu'une loi était mise en discussion, chacun pouvait prendre la parole, et les orateurs étaient le véritable pouvoir dirigeant. Lorsqu'ils parlaient au nom du sentiment national, lorsqu'ils exaltaient la gloire et la puissance d'Athènes, lorsqu'ils proposaient une conquête ou l'abaissement d'un voisin dangereux, ils étaient sûrs d'être écoutés par cette population passionnée. Longtemps les orateurs furent les organes du sentiment de la nation, et ce furent eux qui, dans la guerre comme dans les finances et les arts, élevèrent si haut la cité athénienne. Pisistrate, Thémistocle, Cimon, Périclès, Alcibiade furent, sans contredit, les premiers orateurs de leur siècle; mais l'orateur proprement dit, c'était le simple citoyen d'Athènes; l'orateur par excellence, c'était Démosthènes, qui semble avoir posé dans la Grèce, encore libre, les bornes de l'art, et dont l'éloquence n'a jamais été surpassée. Ce n'est pas que d'autres n'aient eu les qualités qui lui manquaient; mais les plus éminentes, il les possédait toutes, et toutes à un degré qu'on n'a point égalé. Ce qui domine dans Démosthènes, c'est une logique sévère, une dialectique vigoureuse, serrée, un étroit enchaînement d'où résulte un tout compacte et indissoluble. Ne cherchez point dans lui la souplesse élégante, la grâce flexible et molle, l'insinuation craintive, la voix qui s'enveloppe et fuit pour revenir; il va droit à son but, renvoyant, brisant de son seul poids tous les obstacles. Sa diction est nerveuse, concise et cependant périodique. Pas une phrase oiseuse dans le discours, pas un mot vieux dans la phrase; il force la conviction, il entraîne à sa suite l'auditeur maîtrisé.

BEAUX-ARTS. — Les grandes richesses d'Athènes, plus que son orageuse liberté, furent la source de sa splendeur monumentale. L'amour de la gloire, produit par l'émulation homérique des citoyens, engendra les chefs-d'œuvre de goût et de simplicité qu'on vit éclore au sein de la Hellade. Alors la nature entière, électrisée par un feu divin, prit part au succès de ses artistes. Les peuples les honoraient à l'envi par l'empressement qu'ils mettaient à acquérir leurs ouvrages et à les conserver religieusement. Ainsi la ville de Pergame acheta un palais tombant en ruines, afin d'empêcher quelques ouvrages d'Apelles, dont il était orné, d'être voilés par des toiles d'araignées. On ne permettait ni restauration ni embellissements dans les œuvres d'un chef d'école, et on aurait lapidé le magistrat qui aurait voulu changer la disposition architecturale de quelque édifice public.

FIN.

Paris.—Imprimerie de Bonaventure et Ducessois, 55, quai des Augustins.

CHEZ TOUS LES LIBRAIRES

on peut se procurer séparément les ouvrages de la

BIBLIOTHÈQUE POUR TOUT LE MONDE

RELIGION, MORALE,
SCIENCES ET ARTS, INSTRUCTION ÉLÉMENTAIRE,
HISTOIRE, GÉOGRAPHIE, ETC.

TITRES DES OUVRAGES

Numéros:

1 Alphabet (avec 160 gravures).
2 Civilité (2e livre de Lecture).
3 Tous les genres d'Écriture.
4 Grammaire de Lhomond.
5 Le mauvais Langage corrigé.
6 Traité de Ponctuation.
7 Arithmétique simplifiée.
8 Mythologie.
9 Géographie générale.
10 — de la France.
11 Statistique de la France.
12 La Fontaine (avec notes).
13 Florian (avec notes).
14 Ésope, etc. (avec notes).
15 Lecture pour chaque Dimanche.
16 Morceaux de Littérature: Prose.
17 — Vers.
18 Art poétique (avec notes).
19 Morale en action.
20 Franklin (œuvres choisies).
21 Les Hommes utiles.
22 Les bons Conseils.
23 Histoire ancienne.
24 — grecque.
25 — romaine.
26 — sainte.
27 Histoire du moyen âge.
28 — moderne.
29 — de la découverte de l'Amérique.
30 — de France.
31 — de Paris.
32 — de Napoléon.
33 Tablettes universelles.
34 Le Monde à vol d'oiseau.
35 Robinson raconté en famille.
36 Merveilles de la Nature.
37 Découvertes et Inventions.
38 Erreurs et Préjugés.
39 Le Bonhomme Parce que et son voisin Pourquoi.
40 Histoire Naturelle ⎫
41 Géologie ⎬
42 Astronomie ⎬ avec
43 Physique amusante ⎬ gravures.
44 Chimie amusante ⎭
45 Tenue des Livres simplifiée.
46 Géométrie ⎫
47 Algèbre ⎬ avec
48 Arpentage ⎬ gravures.
49 Dessin linéaire ⎭
50 Poids et Mesures.

Bibliothèque pour tout le monde! — Pour que cette Bibliothèque justifie son titre et qu'une place lui soit donnée dans toutes les familles; —pour qu'elle soit réellement *élémentaire, instructive*, il faut que, TOUTE d'instruction, elle ne s'occupe que de sujets religieux, moraux ou scientifiques : — il faut aussi que son prix *extraordinairement bas* en rende l'acquisition très-facile *à tout le monde*: tel est notre but.

CHAQUE OUVRAGE SE VEND SÉPARÉMENT.

Imp. Bonaventure et Ducessois.

www.ingramcontent.com/pod-product-compliance
Lightning Source LLC
LaVergne TN
LVHW020049090426
835510LV00040B/1594